FIGURAS METÁLICAS

COLEÇÃO SIGNOS
Dirigida por Augusto de Campos

Equipe de realização

Supervisão editorial: J. Guinsburg
Capa e projeto gráfico: Sergio Kon
Edição de texto: Lilian Miyoko Kumai
Revisão de provas: Marcio Honorio de Godoy
Produção: Ricardo Neves e Raquel Fernandes Abranches

FIGURAS METÁLICAS
TRAVESSIA POÉTICA
1983-2003

Claudio Daniel

PERSPECTIVA

Dados Internacionais de Catalogação na Publicação (CIP)
(Câmara Brasileira do Livro, SP, Brasil)

Daniel, Claudio
Figuras metálicas : (travessia poética, 1983-2003) / Claudio Daniel. — São Paulo : Perspectiva, 2005. — (Signos ; 40 / dirigida por Augusto de Campos)

ISBN 85-273-0718-9

1. Poesia brasileira I. Campos, Augusto de. II. Título. III. Série.

05-1581   CDD-869.91

Índices para catálogo sistemático:
1. Poesia : Literatura brasileira   869.91

Direitos reservados em língua portuguesa à
EDITORA PERSPECTIVA S.A.

Av. Brigadeiro Luís Antônio, 3025
01401-000 São Paulo SP Brasil
Telefax (11) 3885-8388
www.editoraperspectiva.com.br
2005

PEQUENAS ANIQUILAÇÕES

sumário

Quando toda voz é abolida

No olho da agulha, 21
Porque a hora é violenta, 23
Os budas de Bamiyan, 26
Dibujo (*Darfur*), 28
Dibujo (*Abu Ghraib*), 30
Dibujo (*Guantánamo*), 31

Para dizer as cores do branco

Vermelho, 35
Verde, 38
Amarelo, 40
Azul, 41
Branco, 44

Figuras metálicas em expansão

Formiga, 47
Cabeças de formiga, 48
Traça, 49
Pulga, 50
Barata, 51
Piolho, 52

Vagares da lua de outono

Parafuso, escaravelho, 57
Filósofos, cogumelos, 59
Lagarto, cotovelo, 60
Leoa, clavícula, 62
Pavão, martelos, 63

Um jogo de escorpiões apodrece as horas

Chave de fenda, 67
Secador de cabelos, 68
Guarda-chuva, 69
Garrafas, 70
Botas de borracha, 71

A SOMBRA DO LEOPARDO

Água de nenhum mar

Tse-yang, pintor de leopardos, 78
Schopenhauer, 79
Chuang-Tzu, 81
Simão do deserto (Alegoria), 82
Sêneca, 84
Montaigne, 86
Dante (*Inferno*, I, 31-42), 87
Nagarjuna, 88

Sombra, nome do que cala

Egito, 91
Índia, 92
China, 93
Grécia, 94
Austrália, 95
Tibet, 96
Pérsia, 97

Tocar os poros do verde

Silêncio, 101
Vozes, 102
Poros, 103
Cabelos, 105
Unhas, 106
Dentes, 107
Sangue, 108
O poeta pedólatra, 109

Olhar atrás do pêssego, 113

Bardo Thödol, 121

YUMÊ

Poemas aquosos

Lição da água, 129
Liber aquae, 132
K´an, 133
Pequeno sermão aos peixes, 134
Encantação do tigre, 135
Marinha barroca, 136

Noite-espelho

Noite-cetáceo, 139
Noite-flor, 140
Noite-seios, 141
Noite-véu, 142
Noite-esperma, 143
Noite-espelho, 144
Noite-oceano, 145

Cipango/Cathay/Brasilis

Tabi, 149
Kyoto, 151
Osaka, 152
Yumê, 153
Lamento do camelo do imperador, 154
Luz, 155
Li T'ai Po, 156

O um igual a zero

Zauberbuch, 159
O um igual a zero, 160
Palam, 161
Invenção para saxofone, 162
Pugilista, 163

Poética do faquirismo

Ode serial, 167
Goya, 168
Locução de Pierrot, 169
Na Babilônia, 170
Diálogo com o espelho, 171

SUTRA

O jardim das delícias

Invenção para mandolina, 177
Canção da árvore de mil folhas, 179
Mistério amoroso, 180
Ktron, 181
Bolero, 182
Sutra, 184

O inferno musical

Acordes, 187
Do manuscrito apócrifo de Abdul al-Hazred, 189
Zunái (Excertos de Necronomicon), 190
Kundra (Excertos de Necronomicon), 191
Canção de olhos e lua, 192
Akma, 193
Os cânones da dor, 194
Sein und zeit, 195
Blues, 196

Outro céu

Imemorial, 201
Paisagem marinha, 202
Knaat, 203
Sarabanda, 204
As dádivas, 205
Outro céu, 206
Knaat, 207
Nátsu, 208
Fuyú, 209

FORTUNA CRÍTICA: CINCO VISÕES

Uma saudação a Claudio Daniel, 213
Eduardo Milán

Sistemas de percepção, de imaginação, de concepção do mundo, 215
Júlio Castañon Guimarães

Yumê: a patchwork quilt, 217
José Kozer

Poesia em transe, 219
Ademir Assunção

Despertando do sonho: Yumê *de Claudio Daniel*, 223
Jesús J. Barquet

Sobre o autor, 231

PEQUENAS ANIQUILAÇÕES

*Este livro é dedicado à memória
de Haroldo de Campos (1929-2003)*

quando toda voz é abolida

Tatuar silêncios como formigas.
Afogar os relógios
numa pálpebra.
Vestir o grito com a pele
do escaravelho.
Torcer os músculos da face
em perplexidade.
Cruzar a via absurda
das unhas, desorientado,
obscuro, recurvado
sobre as nádegas.
Saber que toda flor é ridícula,
e mesmo assim cultivar
o minério,
a dor,
a surda epilepsia.
Esquecer o próprio nome,
e sovar a terra
até a exaustão.
(Fosse apenas uma canção de colheita,
você diria amor e outras
palavras fáceis.)
Com o riso estúpido do camelo,
viajar ao olho
da agulha,
labiríntico, insano,
acreditando que toda história é um ácido.
Depois cauterizar a ferida,
aceitar o reflexo,
o simulacro,

lembrar-se
da semente antes do pão.
Tayata gate gate
paragate parasamgate
boddhi soha.

(2002)

Porque a hora é violenta e tudo esmaga, abrir cabeças
de serpente.
Há o verde sonoro
de metais;
há o roxo
da flor
cujo nome
ignoramos.
Dedos rugem
escura perplexidade;
arcos rebentam
bicos
de pássaro.
Sou anfíbio,
e calo
o que me apavora.
Onde viajar outros dias possíveis?
Como
extirpar
essa desolação?
Eis o inevitável
campo
de batalha;
eis a letra inverossímil, vermelho
decapita
amarelo.
Sinceramente,
confesso
meu pesar:
quando ponteiros corroem pulsos,

povoar
mandíbulas
para corvos.
A hora é violenta e o medo em escamas
arranha
a pele
da voz.
Explodir palavras-de-argila;
degolar
leões
de pedra
(ignotos);
mutilar
a epiderme
em chuva
azul-
de-agonia.
Tudo
por um
nada
soando crânios e trompetes,
cortando (súbito)
o branco-
cinza
da manhã.

— Sri Baghavan uvaca:
Yam hi na
vyathayanty ete
purusam
purusarsabha
sama-duhkha-sukham dhiram
so 'mrtavaya
kalpate.

(2002)

⚙ ☾⋆

Lua-cimitarra sobre os budas de pedra em Bamiyan (asa sangüínea
de grou)
(mandala
com olhos
de tigre)
demolidos
(o deserto,
espelho
de fúrias)
e agora
núpcias
ritmadas
em rasantes
de F-16
(lágrimas
veladas
sob o linho)
(*Om vajra*
sattva samaya
manu palaya):
diálogo surdo
(línguas-harpias)
entre a loucura
e leviatã
(*Vajra bawa*
maha samaya
sattva ah
hum phe).

Vestida de ruínas,
a velha cega
ora ao nicho
vazio dos budas.

dibujo (Darfur)

Eco de mandíbulas e parietais em turbulência de ganidos.

Contar
o vento,

cantar a pele
de lontra

serpente bípede
ou pterodáctilo

— *para a confluência*
de pianos no jardim.

Folha de relva desfolha meu rosto —
milagre da verde

aparição (jade,
o corvo)

em óssea carícia ou trumpete para a trama
de futuros
indecifráveis.

A história sangra dentes-de-dragão fábula muda
ou surda
diáspora

— *que não esquece,*
nunca irá esquecer.

Eis o drama o libreto dessa ópera configurada
que vira a página
— pétala —
até afogar-se
em ramalhete
de azuis-
leão.

(2001-2003)

dibujo (*abu ghraib*)

*Uma figura
de enguia —
palavras
de carbono,
forma esquálida
de garra,
à maneira
simples
de tubérculo.
Dizer
o diamante?
Não, a demência
papilar
traçada
em rocha:
pintura
de mortos,
caligrafia
de grunhidos.
Assim
porque
ferrugem
ou azul-ferrete,
despetalar
os corvos
brancos
— tudo
é tumulto,
gritos
fanhos
na pupila.*

(2001-2002)

dibujo (*guantánamo*)

Fúria
de caninos

rói
a brancura.

Lacera a pele-
de-água

no olho
da canção.

Músicatigre
(estrela)

devora janeiro
e abril.

Reverbera
ausências

até fracionar
os grises

do
silêncio.

Entranha
a sede

(réptil
submerge)

em escura
orquídea

que não
cessa.

Coda:

Fetos
corcundas
jogam dados
em vidros
de formol.

(2001-2003)

para dizer as cores do branco

Trouver une langue
Rimbaud

vermelho

I

Quando
cada
pétala
é um
enigma.

II

Cães
ao avesso
do jaspe.

III

(Para
engravidar
as noivas
do canto.)

IV

(Para somar
a bílis
ao escuro.)

V

: este é um
prelúdio
que seria
confissão.

VI

Para voz
e artelhos.

VII

Débil enxofre
das cordas
vocais.

VIII

A carne roída
até as tripas.

IX

— Para alçar
o vermelho.

X

(pianíssimo)

*(Quando alguém
crocita,
expele
a insânia,
e apesar
do inferno,
erige um
céu.)*

(2001-2002)

verde

The eye of the mind
Yeats

O mistério
do verde,

seu sorriso
mineral.

Ver
com olhos

turvos —
curso negro

do sol,

monólogo
de sombra,

ofício em decúbito
da voz.

Insânia
é o modo
da mente:

ver pelo avesso
do jade,

singrar
da orelha
esquerda

até um par
de seios

que o verde
furor

esquece,
não esquece:

— Lezama Lima
foi um iogue

da luz
mergulhada

em luz.

(2001-2002)

amarelo

Fúria
é deserto
tão lâmina
demência,
até o amargo
amarelo.
Sabeis
a seda
quase pedra
(tão galena)
seus azuis
que escurecem
a voz branca
do ex-pássaro.

(1999)

O trabalho conduz à liberdade
Auschwitz

I

Toda
palavra
é um
relâmpago.

II

Veste
a manhã
com a luva
de seis dedos.

III

Hora
de queimar
a lágrima
sem nome.

IV

Surdez
violeta
nas retinas.

V

Avançam para trás
os ponteiros
do relógio.

VI

Pisca o olho
para colher
a migalha
do espantalho.

VII

Afoga
partituras
de silêncio.

VIII

Para embranquecer
pentelhos
onde gralhas.

IX

E de repente
tudo fica azul.

X

Como o intestino
do enforcado.

XI

Como o grou
que alça vôo
riscando o ar.

(2001-2002)

branco

Para dizer as cores do branco.

Mudez de mangusto
ou árvore,

talhado silêncio
ao ignorado

— diga cetáceo cetáceo,

menos animal
que maquinário,

esboço de desenho
de lagarto.

Da voz ao rumor
da pedra,

ilumina avesso
do sol,

interstício de lâminas sobrepostas.

Toda memória
é um jogo

de armar,
sem as peças.

(2001-2002)

figuras metálicas em expansão

formiga

Pequeno dragão
doméstico.

Cabeça grávida
de hibisco.

Rústico abdome-
cogumelo.

Escava o incerto
dos dias,

para a trilha
vertical

de farelo, fúria
e folhas.

Carrega seus mortos
nas costas,

com precisa
geometria

de fábrica
fúnebre.

(2002)

cabeças de formiga

Como este breve sentimento de decomposição, falanges
à maneira
do escuro.
Linha tênue de folhas recortadas
e cabeças
de formiga.
Pétalas roxas,
um tipo de bolor.
Passos escuros
no jardim.
Ritmos podres
de cadela.
Fumo branco,
idéias pesadas
e algo que se desdobra no espaço
curvo
em aromas
de tantálico
negrume.

— Nenhuma música, ali; nada além da carne
dos cogumelos
e seu escarro.

(2003)

(Entre fólios de ciência antiga e espectros de monjas nuas desencarnadas.)

(Olhos opiados afundam em partituras da Outra Margem.)

(Ruge um leão hipnótico.)

(Letras sangradas na pele de carneiro. Figuras metálicas em expansão.)

(Palavras criam realidades.)

(Traças cavam sendas no papel.)

(Toda leitura é uma cicatriz.)

(2002)

pulga Quando enlouquece na hora vermelha — *surda e ascética,* em gago contorcionismo — labora semeadura de pústulas, até saciar a fome.

(2002)

Seminuas vendem sabonetes e o mar azul-da-prússia de paisagens recortadas de cartão-postal. Movimentos sincopados de ancas revelam saliências epidérmicas ao som da música melíflua de oboés. Jatos d'água escorrem pela concha do umbigo sob o céu cocainado, longe de estrias e da micose que avança nos pés. O verde em alta definição da folhagem oculta o sulco espesso da cavidade e atrai suspiros plásticos, romanescos, fluindo como sangue menstrual. Súbito, assoma a logomarca com a inocência animal de uma máquina de calcular. Iates e sol jamaicano anunciam o novo capítulo da novela. Seminuas têm medo de barata.

(2002)

Money is a crime
Roger Waters

Barítono de carapaça e gravata quase lilás mergulha os olhos baços no copo de cerveja irlandesa entre cotações do mercado financeiro.

(Passa uma sombra magra de seios fumantes.) Verde álcool, cogumelos e vozes graves de semblantes que suicidam a noite estrelada.

Lady sings the blues para vocal e piano. Retrato de Wilde na parede e tapeçarias com toscos motivos de gnomos de barba pontuda.

O *business man* engole nacos de carne vermelha entre chamadas ao celular e citações do *Economist* sobre a crise da balança comercial.

Tabaco provoca câncer. Trabalho conduz à liberdade. Café com creme e canela. A metafísica do compromisso institucional.

Todo homem de negócios é sério. Tem sapatos sérios de couro italiano e óculos sérios com aro de tartaruga. *New York, New York.*

Bico de papagaio na coluna recurvada. Folders de lançamento do novo produto. *Releases* para a mídia. Um calor estival, quase Saara.

Relógio digital marcando quinze minutos para Qualquer Tempo. Uma vaga sensação de arritmia (fadiga ou problemas coronários).

Executivos sempre usam marcapasso, água-de-colônia e longas meias pretas.

(2002)

vagares da lua de outono

*Comme le rencontre fortuite sur une table de dissection
d'une machine à coudre et d'un parapluie!*
Lautréamont

Água-de-serpente para esquecer jamais esta música de peles.

Quem conta fêmures e pêlos desalinhados
da fêmea
apodrecida.

Mais negro do que a negra mariposa pedra do esquilo
roendo restos
de não.

Estamos cáusticos
e nus.

Corpo e palavra são flores pontiagudas
que laceram.

Você sempre diz o azul-granizo:

céspede
ou áspide
que anoitece.

Ser o lobo e mais que isso: ser o Lobo do vermelho
tardio em
jades de ninfeta:

aqui escrevo ilha — facas de pomba cega,
estrela morta
em diapasão

ou luas
de capricórnio?

Tudo o que eu amo
— *sim* —
corre no tempo com a velocidade do parafuso
e do escaravelho.

(2003)

Rumor de verde-água esse bosque de caninos que
desaparece.

Trevos
na boca

— odor
de cogumelos

e lua-de-
mosquitos —.

Estranha senhora fênix viaja em
caligrafia sua
tiara
azul.

Vagares da lua de outono biombo jasmim dragão
no teto
curvo
como atravessar
espelhos.

— Armas e cascos de cavalos
ao longe —.

Filósofos-de-laca conjeturam possíveis amanhãs.

(2003)

lagarto, cotovelo

Invocar o girassol.

Tingir o réptil
com as cores do cone.

Pautar
acéfalos conjuros

para espectros aguardados

como cópulas
de insetos.

Imantar afazeres
de mandrágora.

Atender vozes
de matéria semimorfa

afogando lábios
entre cotovelos.

Separar vértebras
como samsárica

fera diamantina.

Decepar a cabeça esbranquiçada
do lagarto
e sorrir

com a precisão monótona
do gárgula.

Por fim, retocar a face de pânico
com grafias de ausência

que espelham
dois abismos.

(2003)

Jovem negra pinta de azul-violeta as pontas dos mamilos.

Há jaguares
sob as unhas.

Mímica
de esfinge
nos pulsos.

Núbia voz animal raio-de-pedra golpeia nudez janaína
reflexo de híbrida
orquídea
ou seio-
noite-
flor-
que incandesce.

(Três colares
de relva;
riscos
gravados
na rocha,
sortilégio.)

(Pintura: mascar o carvão leonino da desértica
epiderme,
ruminando
arenoso
até cantar
a clavícula.)

(2003)

Recomeçar a travessia do elefante, a via do esqueleto
e do coágulo.

Até queimar
o sol.

Mascando insanidade,
em ofício rouco
de martelos,

repetir o ato insone, raquítico, epilético.

Retribuir ao medo uma jóia
minúscula.

Fabricar, com as próprias mãos,
um pavão real
— e depois
cegá-lo.

Fornicar o amarelo — abstração
do violeta —

e desfazer
a palavra
estrela.

Até queimar
o sol.

Ser asqueroso, simples e tosco.

Desejar lutar
com Deus.

Por fim, recolher
as metades
do rosto

e ver a luz refletida na mina
do mistério.

(2002-2003)

um jogo de escorpiões apodrece as horas

chave de fenda

Pactuar com jaguares e seus caninos, sol ácido na tela de cristal líquido. Tudo são imagens mentais, as flores de plástico no vaso da sala e os olhos miúdos do nômade tunisiano. Tudo é inútil. Perfurar a parede com a furadeira, limpar suavemente o pó da superfície e fazer o encaixe do parafuso, na altura calculada. Pensar em topázios fecais, em leões alados e numa princesa-serpente de enormes tetas, vestida de luz violeta. Torcer os punhos, os calcanhares. Revirar os olhos. Parafusar com a chave de fenda a cabeça de metal do touro minúsculo e então pendurar no lugar do retrato a sua própria medula óssea, recém-arrancada.

(2002)

secador de cabelos

Um jogo de escorpiões apodrece as horas. Cabelos e olhos para os corvos; fome obscura no couro cabeludo. Toda superfície inquieta-se, em febre surda ou gagueira. Impossível não pensar em jardins de espelhos, cristais de vômito, gravuras de dragão. Folhear revistas de desertos africanos, contemplar as folhas amareladas do outono e pensar em algo profundo que disse Giordano Bruno. Sentir o cheiro vermelho do esmalte, como sangue para coagulação, até um movimento preciso de escova que ceifa a lua com os polegares. *All you need is love.*

(2002)

guarda-chuva

Céu tenso, desatino anfíbio de vogais. Gota após gota, líquidas facas sobre o asfalto, sinfonia monótona de felinos. O tecido de escura tenda árabe, com suas arestas metálicas, pouco resiste ao sonoro impacto das ondas aéreas. Mínimo deslize afasta nossa única defesa, e ficamos vulneráveis como Jonas na goela da baleia; como o exército egípcio no mar Vermelho. Com terror, fugimos, aguardamos o fim do evento, que é eterno, trágico, obsessivo.

(2002)

garrafas

Juntar as garrafas na prateleira entre aranhas e arames, novelos de barbante e martelos. Empurrar as caixas de pregos, os vidros e latas de tinta para colocar os olhos. É preciso esquecer os mapas, cadarços, jornais velhos. Queimar fotografias, lembranças, almanaques farmacêuticos. Afastar um pouco as caixas de papelão, para depositar o nojo. Empilhar, junto às revistas, os ossos, palavras e ódios. Deslocar toda sombra, que fere como um ácido. Acender o cigarro no maçarico, cuspir catarro com alcatrão e soletrar, com a voz ainda trêmula, as sílabas abertas da navalha.

(2002)

Jatos de água cristalizam pétalas e azulejos, escorraçam bicos de pássaro. Sol matinal sobre o amarelo de luvas, botas e escovas que sodomizam piscina e jardim. Podar cachos de glicínias com longas tesouras que ensejam brilhos homicidas. Recolher folhas e gravetos, cólica e cólera com a pá de lixo. Limpar as frestas das janelas. Correr a água sanitária no vaso, polir torneiras, desentupir o ralo. Porque não existe nenhum caminho, nenhum. Nem mesmo revólver ou corda de enforcado. Nada. Apenas galochas, a chave inglesa na laje, rugas, o pelame do cão siberiano para escovar.

(2002)

A SOMBRA DO LEOPARDO

água de nenhum mar

Olho de garça, cabeleira nuvem-prata,
Tse-Yang
sonhava rajado
com leopardos;
seu nanquim
desliza, deslizava
na tela
de alvo tecido
— lua nova, pescoço de cisne,
pele de arminho.
Um sino
soava apenas
para o seu
lento desjejum:
depois,
alguns copos
de branco vinho
de arroz, e voltava
ao ofício dos pincéis,
Namo Amithaba.
Sobre Tse-Yang,
sua arte vigorosa
de recusas,
diga-se: ele não quis
jade, pérolas, neblinas
ou o palácio
da deusa da lua.
Tse-Yang amou
apenas os leopardos,
essas feras

tse-yang, pintor de leopardos *(retrato apócrifo)*

rútilas —
e animalizou
os dedos das mãos,
o pincel, a tela
e as tintas,
animalizou o olhar
e fez de tudo
uma só fera,
em busca
da maior pureza,
como se nada
mais houvesse.
(Um dia, saiu
da cabana
de folhas secas,
maravilhado
em mistério,
e fez-se leopardo
entre leopardos.)

(Blumenau, 1999)

Água
de nenhum
mar, gema
de extinta mina,
não mais
que o fulgor
de vidros
(cristaleira)
e o viço
de madeira
nova,
lua líquida.
O tempo
lacera
o verde
nos olhos
do gato,
lepra
das flores,
ácido
que corrói
toda cor
ou pele
em escuro
miasma,
peixes
do nada.
Este
é um ofício
doloroso,

uma ópera
ruidosa.
Porém,
tu foste
o tigre.

(1999)

Breve, o grito do faisão:
— folha (cai)
entre folhas,
água (desfeita)
em água,
de ouro vermelho
o gozo da fera
(pele-de-pétala,
cio de animala,
búfala): de ouro
e verde canto;
de ouro e cinza;
de cinza;
et mutabile,
não a pedra
enfática,
mas metal
— oxidável —
em seu vôo
de peixe-
pássaro;
em seu branco
vôo do olhar,
tudo é dançante.

(1999)

simão do deserto (*alegoria*)

O jejum
albino,
desfolhar
colérico
nas pupilas,
só a tensa
clavícula
espraiada
em branco.
O louco
no tablado,
sua pouca
voz
queimada
morde
o latim,
metal
ressoando
em metal.
Ele
amputou-se
de si,
de seu reflexo
na água,
de sua cinza,
das escamas
em losangos
da peste
e da inútil
areia, pássaro

apoiado
em uma só
pata.
Sua mão,
afogada
em solenes
gestos rituais
de tabernáculo,
saúda as cabras
que passam.

(1999)

sêneca

Dor é algo
atroz (fungos
violeta). Água
sonora, vai
de uma a outra
concha, ama-
relece (folha
de trevo) e
cai. Diz então,
em que ilha-
olho-de-chama
— Ítaca, talvez —
vesti-me de pele
desolada,
e padeci, fera
entre feras?
Por que, brutal,
me arrasto
nesta terra?
Para a glória
do Sublime?
Por meus débitos,
hora de decepar
vogais? Cala Sibila,
calam Córdova
e Roma, sou todo
farelo, e se fecha
a porta do canto.
Que direi a mim,
após celebrar
o rito da memória?

— Bebe o teu vinho
 e aceita o universo,
eis o caminho
da iniciação.

(1999)

montaigne

Acende a cor mediterrânea,
música para o latim.
Depois, rabisca um seio
de Medusa, inchado
na ponta da teta.
Lições de esgrima, para o jovem
nobre; e o calor da sela,
em dorso de cavalo escuro.
Seigneur, de afilado
traço (hebreu) da Ibéria,
bateu lâmina em lâmina
vencida, amou o jogo,
as damas e o amigo morto.
Foi diplomata, leitor
de Sêneca e Plutarco;
soube que o *Eclesiastes*
era um códice grego,
algo mais que escritura.
Estóico, serenou paixões,
recusou trovão e tumulto:
viu que a história
da miséria humana
é uma parcela do possível.
E soube em sua pele,
em seu sangue, filosofar
é aprendizado da morte.

(1999)

Um jardim, ver a sombra e além
da estrela, ver a terra
furiosa; tempo
é o que incendeia,
fera — insânia —
esfera; e de esfera
em esfera, afoga
teu suplício
em gruta de ecos.
Chora, do fundo
do olho, clama
ao Deus cabalístico.
Até vislumbrar
a sombra do leopardo;
até saber que forma
é vazio, silêncio
(ou brancura)
oculto em palavra
e paisagem.
Até saber que Dor
é um modo de ver
o escuro, outra
hipótese
de luz.

(1999)

nagarjuna

para Ronald Polito

Olho
peixe flor
tão falange
pelicano,
pedra até
morder o verde
leopardo:
cego espaço
para um galo,
acender o chá
de manteiga
e a sopa
de cevada.
Disse
Nagarjuna:
por trás
das treliças
o avesso
do reflexo,
que não cessa.

(1999)

sombra, nome do que cala

egito

SOMBRA, nome
do que cala,
voz de papiro.
Esta é outra areia;
essa, não aquela
estrela. Estou nu
da face ao torso,
e danço outra vez
sobre os caninos.
Hora de dizer
a flor e o grito,
o que nasce em mim
é tua carne escura.
Egito, vem
de teu umbigo
ao meu segredo.

(1999)

SÓ A LOUCURA.
Vem, do púbis
às omoplatas,
canta o antigo
sol, sua face
de flama animal
raiando desejosa.
Flor de sândalo,
diz ao tempo:
agora é sempre,
fecha tua asa,
expira em fumo
e cobre. Vêm,
Lakshmi-Naráyana,
flagelar o medo,
fustigar a sílaba
muda, para o
tempo de cristal.

(1999)

china

NUNCA, olho-
do-mistério,
cauda de pavão.
Larva, nem crisálida;
onde pousa, branca,
em que pétala,
asas em qual flor,
abelha, se o aroma?
O que retine ao sol,
vibra — folha de
peônia —, dedo não
é lua, nem há pó
ou espelho; Cathay,
tudo é vazio, mas
olhe, tanta beleza
e sopra o vento
de outono.

(1999)

grécia

UM JOGO de centauros.
Inflama
o trigo da pele;
grita teu olho,
dos pés à cabeça;
teu olho é pele,
teu olho é sol
de sêmen, desfaz
o rosto na água,
acasala tuas éguas.
Depois, lacera-te,
lapida tua boca,
bebe tua urina.
Arde a terra,
arde a carne.
Então, cala bílis
e fleuma; despido
como um deus,
abraça a deusa
do silente mistério.

(1999)

Para Carlos Ávila

VIAGEM ao branco
da pedra. Ver
— pelo avesso
da pupila —
uma face
no sulco
da terra,
um deus também
é o vento.
Água,
serpente
e pétala,
cada estrela,
o sangue
do jaguar:
tudo são
vestígios
da encantação.

(1999)

tibet

Om tare tu tare ture soha

ABRAÇA a noiva
do silêncio,
verte o néctar
do crânio, flores
na pele jambo
de escuro céu;
mãe do azul, mãe
da lua nova,
você sorri, luz verde
em seus dedos;
toca em meu apego
ilimitado, caveira
de mim, e o desfaz
em cinza; irada,
bate o pé no chão,
seduz o meu desejo,
faz dele amor
a tudo o que vive.
Teu lótus se desfaz
em luz, mergulha
em meu lótus
e reluz.

(1999)

pérsia

E NÃO TER mais fim.
Noite é espelho
de teu ventre,
bebe dessa fonte,
cessa toda água;
dança outra música,
nem há cordas
ou sopros, então
rasga tua roupa,
nem há trapos;
chora, não há mais
lágrimas. Fogo, arde
o que me queima;
terra, engole-me
num trago. Só canto
e danço os noventa
e nove nomes
de Allah, e rodopio.
Para que fermente
o vinho; e enlouqueça
em seios brancos;
e não diga nada; nem
saiba onde ou quando,
só amor de amor. Sei,
eu sou tu; agora,
sou eterno.

(1999)

tocar os poros do verde

para Duda Machado

A pedra;
o que não diz
em sua epiderme,
sua opaca tessitura
de areia e indiviso
tempo; a pedra —
(digo) (a não voz)
o silêncio em tuas
pupilas de pálida
lua, como chama
que se adensa
(mudez de sombra,
solilóquio de água
imóvel, em cisterna
ressecada); e então,
as palavras.

(1999)

VOZES

para Ademir Assunção

Fala à sua carne;
ao de dentro.
Voz que ignora
sua música.
Nem um sol
violeta.
Cada nervo soa
em outra
medida de tempo.
Impele
a partituras de faca.
A cor do esterno,
silêncio de medula.
Lá fora, o sol
queima o magro
cinza da cadela.
O táxi pára, desce
um homem
de gravata amarela.
Alguém acende
um e outro cigarro.
E a soprano sueca
canta uma ária
de sucos gástricos.

(1999)

Um silêncio verde
Paul Celan

O
verde,
sua pele
ácida. Tocar
os poros
do verde, florir
metálico. Ouvir
sua voz de asa
e sombra.
Olhos, faisões
de cegueira.
Jóias de irada
divindade.
Abelhas e lagostas
amam-se, odeiam-se,
tulipas caem
na goela
do tempo.
Tuas mãos tateiam
a nervura imprecisa
da cicatriz
e não há mar,
nem pão, nem página.
Alucino-te
ao mirar-me
no silêncio
de uma laranja
quadrada.

Aqui, nada mais viceja.
Lacraias afogam-me
em tua lágrima
e se fecha a porta
esquerda. Toda palavra
me fere com sua cor.
Quando cessa
o canto, calados,
ouvimo-nos
em um corte
azul.

(1999)

> *like hell's simple invention*
> Robert Creeley

Coroa
de serpentes —
escuro pelame, soa
pele desejosa (frio
de pétala). Dança
uma giga, assobio;
ao toque de mão
se arrepia: pêlos
em riste, ou palha
das coxas, escuta
Vivaldi, colhe flor
de outubro, cospe
o caroço da fruta
e despe o olhar,
é outra ilha branca
do medo, outra
praia de Ariadne.
Uma mecha acesa,
só poros, é fósforo
bastante: incêndio.
Queima, Catarina
de Medici, da ponta
dos mamilos ao
oblíquo dos tornozelos.

(1999)

unhas

Voz de minério,
torso lunar
branco-crescente.
Música
para cordas
e celesta.
Aqui,
o abismo
se veste de lâmina
e pássaro.
Inútil aparar
suas curvas, alvoroço
de plaquetas.
A noite
reconstrói
sua bélica
ossatura, *plantation*
de adagas.
Aqui,
a pedra se repete
em pedra,
une-se aos pés
e às mãos,
mais viva e densa,
expandida
em sólida brancura.

(1999)

para Joca Reiners Terron

dentes

Luas
de ervilha
e pânico;
pétalas
de alcachofra;
para o branco
dos martelos,
nunca é um jogo
ameno. Tua pérola
canina: avesso
de canção, voz
que trincha,
esmigalha o rosa
do carneiro
aromático, ofício
como qualquer
trabalho:
de florista,
sapateiro,
vesícula biliar.

Coda:

Após arrotos,
ouvir prelúdios
de Chopin
e para a língua,
o cálice do púbis.

(1999)

sangue

Azul,
o que dói;
dentro, tua face,
diz a teu sangue.
Suplica, grita;
fala é menos que
gesto. Tempo
de sutura,
diz ao vermelho.
Olhe (dentro)
da carne animal:
só o avesso.
Fala, corte branco,
sol no espelho
da faca. Voz:
ruído de metal,
cascata de ecos,
ouve o teu silêncio.
Não a flor, nem
a hóstia; só o seco
esterco, estrume,
resíduo da fome.
Eis o tempo, soa
a hora. Dizer,
é o de menos: abre
a veia, e então
cauteriza, pacifica
o teu vermelho.

(1999)

Do lado de dentro das Paredes do Crânio
Glauco Mattoso

Até
a última carícia
do prazer atípico, longe
dos seios estéreis —
plumas ou punhais, não
músculos enrijecidos
de basalto, suor de metal
libidinoso — assim os jaguares
mastigam iguanas de poliéster
sob o sol. Porém, a lenta
desaparição do olhar
(estranha metamorfose)
faz o tempo esférico
ser menos do que o espaço
indefinido pelo tato
— diálogo mudo
entre as mãos e o vazio.
(Fica o consolo das narinas,
o odor — para ele —
tão *sweet love, sweet honey*
de pés fortes, grandes e sujos
e a voz das palavras, o mar
interminável das vogais.)

(1999)

olhar atrás do pêssego

Para León Félix Batista

I

Olhar atrás do pêssego:
pálpebras, mãos
que se tocam,
esse canto, algo entre
a garganta
e a coluna cervical.

II

Malva túnica, água verde água,
jasmim é nome de flor —
a pele (pétala)
brutalizada em grafite.
Áspero o tecido da voz, modulada
em pontas de agulha.

III

Todo lugar é aqui, o dentro se expande,
metal canta metal, florações
de lâminas, e o tempo
se desfaz. (Ela sorri, manqueja
e traz o cego alaúde
decorado.)

IV

Rosbife, queijo de cabra, presunto,
vinho serbo, esterco ou nada,
uns tocam violoncelo,
águias bicéfalas, os turcos se foram com o crescente
em ondas: celebra-se
o rito bizantino, liturgia em esloveno.

V

Campa, campânula, campanário,
verde-malva em volta, pinheiros,
o lago, a moça (trigo, centeio)
ainda sorri: é esmeralda, mas
logo garrafadas, tumulto
de pontes que desabam.

VI

Aqui, a estação do olhar: toda história é impureza.
Alvura, escarlate, azul-piscina,
— o abismo sem cor —
íblis que te abisma, espelho
(desluzido) âmbar. Tempo, ruína;
onde cessa, é o canto.

(1999)

bardo thödol

*À memória de Elza
e de Lázara*

I

Janela.
Sombra. Azul-
da-prússia.
Dentes-de-leão.
Uma arte de ler
o escuro, à maneira
simples das vogais.

II

Que voz (branca
noite) em algaravia,
que olho-lábio-mão
afinal, a dizer o entre
pele-nervos, a dizer
solitude solitude
de membranas?

III

Que dizer da imagem
(recorte) sobreposta,
miragem que se esvai
em outra — olhar ao
relógio, noite (tarde)
mais o bule de café,
que nunca mais?

IV

Tempo não de fala
(nuvem, caramujo)
de letras ou fonemas,
só rugidos dentro
— tigre que decepa
a lua, com as unhas,
antes do silente cautério.

(2000)

YUMÊ

poemas aquosos

Para meus pais, Lázara e Orlando

I
o
mar,

fêmea
possessa.

sua fala
de suave

lâmina
abissínia;

o ritmo
ondulado,

que flui
em espiral;

a precisão
especular

do teatro
aquático;

o secreto
pugilato

que sulca
as rochas.

II

o
mar,

leoa
furiosa,

ensina
ao poeta

sua arte
plumária;

a dança-
escultura

das vagas
incessantes;

a pulsação
do poema,

seus ciclos
menstruais.

o
mar

ensina
ao poeta

sua arte
sem arte.

(1997)

liber aquae

A Luiz Roberto Guedes

Um
livro da água;
espiraladas páginas
de jade em tumulto;
côncavo espelho desolado
em que o tempo lento flui;
quem teceu — em musselina —
a tormentosa tapeçaria
de sua secreta escritura?
A esfíngica branca lua abissal
e o temerário dragão-de-nébula
são líquidas ficções alucinadas
de suas vagas de chrysoprasu?
Heráclito leu em seus enigmas aquosos
aquilo que Lao-Tzu pensou em Cathay,
alfombra de arqueiros e calígrafos?
O mar — floresta sinfônica, seminal —
verde lume — seda enlouquecida
em arabescos — metáfora insidiosa
da eternidade — num círculo de águas.

(1993)

o mar,
essa infinita
matemática,
nos incita ao desejo
do mais puro azul,
o abismo sem abismo.
ir além dos números
possíveis e irreais,
dos galos e alfabetos,
atlas e dicionários,
jornais, mitologias
e notas musicais.
longe da margem,
do solo sulcado
por vagas e equações
irresolvíveis,
entre conchas e detritos
sob a Ursa Maior!
o mar nos incita
ao sonho e à violência:
cortar os nós do humano
e mergulhar
na divindade.

(1994)

pequeno sermão aos peixes

A José Kozer

a
água
é luz, a água
é sêmen, prata, mercúrio
espelho esférico de imagens trêmulas
que brotam, flutuam e cessam
oh esplêndidas carpas!
entre rajados cardumes, coroas de branca espuma
e radiantes medusas
— lâminas prismáticas de uma vasta geografia —
vi o galho curvo da cerejeira
uma nuvem, meu rosto
e a rã.

(1993)

o
mar;
digo: tigre,
pupilas de verde fúria;
suas tígricas vagas, garras,
punhais esfervilhantes
em arcadas de espuma, presas aguçadas;
o fluir e o refluir de suas águas
em ondulação, tigrinoso emblema da fera,
cantabile alabarda em jaspe e luzidia prata urdida,
nos seduz como selvagem dança sarracena,
seus lenços de tépida alfazema escura;
dissolvidos em seu puro olhar
de algas em si algas, najas, corais
em opalino alvoroço musgoso,
não mais resistimos, estancados na argêntea areia,
e entramos em suas águas de água
sob o sol; aí cessamos.

(1994)

marinha barroca

o azul-espuma-catarata, azul-quase-branco-nébula, de mar branqueado no azul-lótus-krishna; delfim que sulca em saltos as vagas azul-marinho-almíscar como graciosa dançarina cambojana, pés-apsara; e (miríades!) aves aquáticas em mandálicos dervixes rodopios rumo ao meru, imenso portal laqueado, sob o céu-plumas-lakshmi, que se abre como noiva. filetes de azul-violeta nas pupilas do inseto que vê: nos brancos lençóis de areia, a velha senhora obesa, vulva em pêlos esbranquiçados, suas lágrimas fermentando taças licorosas, sob o guarda-sol; o sardônico bioquímico alemão, longas suíças platinadas, que corta o presunto em fatias, entre cusparadas; e a bela ninfeta vietcong, sinuosas pernas mecânicas, cujo olhar incendeia como napalm. por fim, o pingüim ártico banido por excessivo daltonismo. depois, nada se vê, só o mais puro azul.

(1993)

noite-espelho

À memória de Ernâni Rosas

noite-cetáceo

branco-

azul

enluaresce

em

teu céu

negro-baço

(pele

de azul-

cetáceo,

líquida

pantera)

em

crescente

cascata

de luz

que

empur-

puresce

(1998)

noite-flor

amareladamente

a lua irrompe

na teia

azul-da-prússia

qual peônia

ouro rútilo

favo de mel

e se vai

(fio d'água-luz

em água-água

desatado)

sem dizer

ah deus

(1998)

luazulada

alvíssima

deslinda-

se no céu

finíssima

auréola:

pó de luz

que cintila

nos róseos

mamilos

desnudados

— lua

em luas

refletida,

prata

em prata

lucilada

(1998)

noite-véu

o rubi

esfervilha

no faisão-

bronze-céu

e despe

a noite azul

qual véu

de seda

em dança

dos sete

véus

(1998)

noite-esperma

esbranquiçadas

estrelas

prateiam

o negrume

cetinoso

com lácteos

jatos

(deslumbre

de luzes)

(1998)

noite-espelho

> *"vi-me passar no Espelho d'hora antiga"*
> Ernâni Rosas

olho a noite
que me olha,
    não te vejo
no que vejo
    e me desapareço

(1998)

noite-oceano

ondulosamente

a noite

azul-turquesa

oceânica

perpassa

em tuas

pupilas

— seda

azeviche

jaspe

negro

pele de

jaguar:

a comum

cegueira

(1998)

cipango / cathay / brasilis

tabi

o vento
açoita
bambus:

dançam
sombras.

no caule
da vagem,
o orvalho

resvala
na lua.

o gato
imita
o tigre:

rumor
de aves.

brancas
geleiras
lácteas:

o colo
do cisne.

o fuji
apunhala

a névoa:

fiapos
de branco.

no sonho,
o monge
em viagem:

tudo
é miragem.

(1995)

kyoto

meialua.

pétalas
no jarro
de laca.

um canto
de grilo
na relva.

o biombo
nanquim-
prateado.

alvoroço
discreto
de sedas.

teus pés
aquecem
um gato.

(1995)

osaka

os sinos
acordam
os peixes.

o incenso
engasga
o buddha.

as flores
no altar
sonham

o nirvana.

(1995)

para Tiuíse

yumê

tu-
as pál-
pebras: me-
chas de té-
pida seda
escura;

— o charme
sutil da lua
trêmula, em
rápidos
      traços
de pincel.

no tumul-
to de teus
pequenos
pés, o salto
do felino e
o ágil rumor
      de asas
         da *butterfly*

(1995)

lamento do camelo do imperador

no
jardim
de laca
sem gai-
votas
ou nenú-
fares,
sem flau-
tas, só
o silên-
cio en-
tre gra-
des

(1994)

luz

sua
brunida
brancura (alfa-
zema) de pele
lunar em azul-
seda envolta (pin-
tura chinesa) é
prata (luz pura
sobre luz) que
resplende

(1998)

li t'ai po

no
jardim
verde-jade
flores líquidas
fluem, no tanque:
— aqui é além
de Qualquerparte

(1994)

o um igual a zero

A Jorge Luis Borges

Todos
os livros
— os Sutras, o Corão,
os Vedas, o Zohar —
são enigmas: jardins verticais,
rios insubmissos,
listras de mármore possesso;
todas as páginas
— em lâminas de argila, pele de carneiro,
folhas de papyro ou rubro ouro esculpido —
são impossíveis, viscerais,
areia alucinada.
Os livros, Borges, inventam os leitores
e os nomes de vales, savanas, estepes
e de amplas avenidas que ignoramos;
vivemos essa efêmera realidade
para lermos suas secretas linhas,
e nossos filhos e netos.
Um dia, porém, os livros
— últimos demiurgos — desaparecerão,
como o grifo e o licorne,
e ler será apenas lenda.

(1993)

em
londres
(no metrô) — primícias
de agosto —
(alguém) lendo Schopenhauer
uma moça com cabelos verdes
e os bicos (dos seios) cor-de-rosa
o (azul-prata-seda)
luxuosíssimo traje marroquino
e a lâmina — argêntea —
do assassino

(1993)

ishvá
aoym aoym aoym
ishvá
naoam naoam naoam
leksvá
ouinski leksvá
palam astók svaksvá
palam astók yeksvá
ahamaham
shv!

(1992)

cruz-
táceo
lírios azul ceifam pêssegos
além
revés biombo urânio: argêntea!
revoam
(o troar)
branco-iluminam
quase-canto
mas:
vísceras
de outubro

(1991)

pugilista

ágeis
os torsos, hirtos
os músculos
  a leveza do papel
cortante
    como faca: punhos de pedra
na coreografia
    do combate
      — o pugilista:
        tigre
      e pássaro

(1992)

poética do faquirismo

A Elson Fróes

ode serial

I

fagulhas
de ouro
— a fala
do leão

II

begônias
do branco
ao rubro
sempreluz

III

cantovital
flui lírico
da jugular
à carótida.

(1992)

goya

maja
desnuda

se
espraia
e
adensa

na
cambraia
de
provença

(1998)

tua fé
yuri?
— um anjo
gótico
e caótico
estéril
óptico
réptil
comedor
de ópio

(1983-1985)

— poeta?
só morto

(extinto
petardo

de nervos)

a láurea
é a lápide

(1992)

é poesia
esse alvoroço
esse desatino?

só piolhos
fervilhando
nos pentelhos

(1992)

SUTRA

o jardim das delícias

luz-
lágrima-lírio
    leopardo hilariante

lilabi
biéli lilabi

   pálpebras luminosas

nuvens
sobre brancas nuvens:
catarata

      lilabi
      biéli lilabi

o troar
— lunescente —
do riso

   iridescendo
      brilhante
olhos
e dentes
como estrelas do mar

e
essa trêmula mão
alvíssima

            alvíssima
(musselina)
            alvíssaras

mas:
jorro insólito
de pérolas

            — irrupção
            do branco

(antiga canção
    de mandolina)

(1991)

o que exprime
essa esgrima silenciosa
esse pugilato de sombras?
simulacro de suave tigre de água e leo dragão de vento
flama de branca acácia e de salmão-pequeno
que combate no limiar entre a pele e a alma.
o que irradia
esse lento balé de plumas
esse desfile de facas e leques?
dança que traduz em passos de pantera
a canção da árvore de mil folhas
que não sabe da língua
mas do coração

(1991)

mistério amoroso

fêmea tão-somente
negra quanto água
da cascata irreal

(1989)

nêspera: harmonias
(o sol na espátula)
miríades de insetos
e a palavra Ktron

onde fui-me lábios?

(1990)

bolero

yo
no soy
un hombre
sin sombra
ni árbol, piedra
molusco
soy dios
niña y perro, ángel malo
jardín de trolls
playa desierta
soy palabra
y niervos y sangre y rostro
y manos
y una otra soledad
y mi lengua
negro cacto, sabre persa
dulce rosa
quelque voix
in long gones blues
quiere buscarte
diosa de nieve
tu blanco soplo de mármol
en ojos sin ojos
tu piel de cristal
paloma estrella y nardo
tu miedo del mar
noche serpientes invierno
tu silencio
tu reflejo
tu dolor

tu saliva
tu sexo
tu paso
sólo tu paso
de inmóvil
sombra
herida

(Ciudad de La Habana, 1989)

sutra

para Reginabhen

pálpebras de alfazema
cintilantes luas sem enigma
sob o céu anúbis-tânger-cicatriz
na seda cor de nuvem que simula o desejo
serpenteiam formas de dançarina moura
de seios tamarindo e lábios sabor anis
o seu púbis shiva kali irrompe como rosa
cítara que emudece o pensar do amante
e lhe toca o coração
no mais cálido êxtase de santos dervixes
mulher sem álgebra, sem mitologia, sem cabala
ou neurocibernética quântica
a mais-que-perfeita expressão do verbo
que resume à sua maneira schopenhauer
os manuscritos de alexandria
os fabulosos cálculos dos astrônomos
e os acordes finais de um pianista de blues
dama feita para mim e o meu desejo de outro
que em tuas mãos é um leão domesticado
e no entanto és apenas uma mulher
deitada no lado esquerdo da cama

(1991)

o inferno musical

para Vicente Huidobro

acordes

abismo
        após abismo

o sopro
vital
fiapos de flama   seda   cristal   alento
num átimo
ressoa
        o acorde
                orquídea

violoncelo
            cristal alento

ab nihilo

o gomo
do gnomo:
gnose

        tu
            licorne mutante sim
licorne

tua língua
            — agônica —
lambe
        o sândalo

sutra

lambe
lambe
         a pérola
carícia
         de estrelas
                  alfenins
                           luciladas

(1991)

dor de areia e areia,
branca luz de outra lua...

(1991)

zunái
(excertos de necronomicon)

*

liel liel liev liet
liel liet liev lisil

**

lilabi biéli lilabi
azel miol gliá luvi

(1989)

vzaia dzaia tzaia
dzaia tzaia vzaia
tzaia vzaia dzaia

kundra
(excertos de necronomicon)

(1989)

canção de olhos e lua

l
u
a
alfaquim
jade-âmbar-pesadelo
azul-
pó-estremecendo
em mim
em mim
azel miol gliá slová:
que outro sou?

pupilas de tristesse

(1990)

é
o sílex-
lírio-marfil-cimitarra,
gárgula
do incompreensível
silêncio:
é
a nãoverbena, o nãodiamante, o nãopolifemo
o não
anão
(sombra infracta)
o não
(sim!)
a sós

(1990)

os cânones da dor

unhas nos sulcos
da pele, em todos
os poros da dor:

a dor que é pedra
no limiar da fala
que verte em suor.

o som do inaudível
uivo — uivo ósseo,
uivo epidérmico —

instila, inflama
todas as suturas
e corre, abissal

em verdes glóbulos
de sonora náusea
e dolorosa repulsa.

(1991)

a inércia
o tabaco, a lâmina
a fome, o papel
o espectro;
oh tu
enfant maudit de mon silence

—

presságio
do nada

—

(1990)

blues

a angústia
       é a aranha
a aranha
       e a estrela

a vibração
       do cristal
e o casulo
       da falena

o silêncio
       da folha
e o grito
       de granito.

o núcleo
       do diamante
e a seda
       da papoula

o branco
       vôo da ave
e a lágrima
       do peixe

é a palma
           da tua mão
e a sombra
           da tua voz.

a angústia
           é a aranha
a aranha
           e a aranha

é o silêncio
           — o branco
silêncio
           do círculo —

e a palavra
           feito flor
mordida
           em tua boca.

(1983-1989)

outro céu

em que lemúria foi
céu além do tempo?
que língua-lápide
do leão fez lenda?

oh silêncio poroso

(1991)

paisagem marinha

o azul mais azul
além do cetim da safira
e do lápis-lazúli

(1990-1991)

sépala
fibra de cristal
reflexo
de ouro branco
o musgo
na concha opala
e
o canto
oblíquo
do gafanhoto

tudo isso
— e nada disso —
é o Knaat

(1ª versão, 1989)

sarabanda

no escampo — sob a luz da lua
dançam os tigres, os antílopes, os leopardos

(1991)

os dons
da água e do vento
silêncio de tigres
— o branco
areais
a areia sem tempo
— o branco
primícias
da sublime desmemória:
vôo de borboletas

(1991)

outro céu

um outro céu
se oculta na seda
do biombo de laca

(1990)

heléboro
— mandrágoras —
ecos
de grous, hienas, texugos, zibelinas, anfisbenas
o gris
cinza-esbranquiçado da concha musgo-turmalina
e
o canto
oblíquo
do gafanhoto

tudo isso
— e nada disso —
é o Knaat

(2ª versão, 1989)

nátsu

espelho d'água —
o céu ouro-quase-jaspe
o louva-a-deus

(1990)

chuva de vidro —
o, li, tró, pi, he, o
vento e vento

fuyū

(1990)

FORTUNA CRÍTICA:

CINCO VISÕES

Claudio Daniel pertence a uma linha criativa da poesia brasileira que parte, aproximadamente, de João Cabral de Melo Neto, atravessa a vanguarda (a poesia concreta, especialmente algumas buscas de Haroldo de Campos em sua fase poética mais condensada) e toca experiências de poetas que derivam, numa primeira fase, da experiência concreta paulista: Paulo Leminski, Régis Bonvicino. Estas não são, no caso de Daniel, relações de dependência, mas um sistema mínimo de referências poéticas que constituem a linhagem necessária para que se possa falar de um poeta e situá-lo em sua tradição.

Constante uso da elipse, definição das imagens com alta precisão, tendência à objetivização do verso como condição de sua existência. O verso é breve, cortado segundo uma conveniência rítmica, mais do que semântica, porém, devolve todo o espectro do sentido, de acordo com uma lógica de surpresa, dada pelo mesmo corte no aparecer do verso seguinte, abaixo. Alguns motivos que se repetem: a palavra, naturalmente, o silêncio, a cultura *in extensu*.

O mundo dado por partes (metonímia, ainda que, também, e surpreendentemente, metáfora, metáfora crítica surgida, às vezes, das relações latentes que emergem na cadeia significante como conseqüência da organização verbal). Ou, às vezes, a metáfora como dispositivo gerador do poema, do qual descenderão outras possíveis relações verbais. Um acréscimo de Claudio Daniel à poesia urbana e pós-concreta brasileira: o apelo a um universo mítico, dado não por paródia de discurso fundador, senão por referências — o mito como possibilidade poética que se oferece, de forma parcelada, ao mundo.

Os poemas intentam alinhavar uma narração, na medida do possível poético contar uma história por imagens, alinhavar por imagens um tecido que se cria por impressões da existência. Também está presente a figura totêmica da poesia pós-mallarmeana, a página, colocada aí como um suporte quase mítico. A brancura da página apresenta-se (porém, nem sempre se deixa ver) como referência atualizante, como homenagem —, para fazer constar que Claudio Daniel também esteve aí. Diria que, em Claudio Daniel, o motivo poético central, em sua relação com a poesia brasileira, é reconstituir a estrutura verbal, encarnar o osso verbal que, em seu polimento maior, havia feito aparecer a vertente Cabral/poesia concreta. Porém, não se trata de um retorno, e sim de uma contribuição a um ordenamento da mesma ação.

Biografias de culturas, biografias de certos personagens culturais (Dante, Nagarjuna etc.) são recortes, impressões de leituras, intuições líricas: a cultura como documento interior. São projeções do falante, fragmentos civilizatórios. Nenhuma cultura cabe em uma voz (a prova de Pound dos *Cantares*). São impressões, imagens. Mas isto parece um reconhecimento, por parte de Claudio Daniel, de que não há possibilidade de poesia na atualidade que não tenha uma relação dinâmica com a cultura, dinâmica e evidente. Claudio Daniel é um lírico cultural.

Ao fim de *A Sombra do Leopardo*, os poemas caem na tematização do poema — o poema como tema — e na tematização dos arredores do poema, seu âmbito, que, aqui, é existência. Aparece, então, a miséria do poema, sem a qual nenhuma aventura poética autêntica pode ser considerada na atualidade.

(Cidade do México, 2000)

A impressão inicial que se tem com a leitura de *A Sombra do Leopardo*, de Claudio Daniel, é a de uma permanente fluidez, ou melhor, de uma imprecisão contrária a qualquer busca de contornos definidos que delimitem com clareza o espaço de leitura. Mas, se as lentes forem sendo ajustadas ao objeto à frente, percebe-se aos poucos a proliferação de imagens que vão constituindo os poemas. Essas imagens, não exatamente em atropelo, mas uma construção ciosa de matizes, dissonâncias, transparências, começam por desencadear impressões, acabam por esboçar planos e movimentos que sustentam modos de flagrar, de perceber e de articular. Na verdade, o que causa a impressão inicial é o fato de os poemas serem compostos por imagens predominantemente sensoriais, que evocam vários sistemas de percepção, de imaginação, de concepção do mundo.

Na apresentação do livro anterior de Claudio Daniel, *Yumê*, Régis Bonvicino fala do diálogo da poesia de Claudio Daniel com o simbolismo, com a tradição oriental, com o neobarroco, com Haroldo de Campos, com Borges. A explicitação desses tão variados pontos de contato ajudam a compreender o universo de sua poesia, e eles provavelmente permanecem em *A Sombra do Leopardo*, mas agora o que sobressai com mais ênfase é a capacidade do autor de criar sua voz própria, uma voz bastante peculiar mesmo para a diversidade dos poetas de sua geração. De modo evidente, os poemas de Claudio Daniel, unindo rigor e evocações (palpáveis e impalpáveis), mostram um poeta dono (sensível) de seu ofício.

(Rio de Janeiro, 2001)

Um conhecido dístico, aliás poema (*In a station of the metro*) de Pound ("The apparition of these faces in the crowd: Petals on a wet, black bough.") reflete de modo especular o belo poema "O Um Igual a Zero", de Claudio Daniel. Arnaut Daniel, o trovador provençal, o *trobar clus* amado por Pound, amado por Claudio Daniel.

Um resultado é este formoso livro (*Yumê*), em que Oriente e Ocidente, de modo especular, se sonham, mariposa dentro de mariposa do sonho dentro do famoso sonho deste famoso desconhecido que foi Chuang-Tzu.

Chuang-Tzu, Claudio Daniel, Ezra Pound: nosso poeta brasileiro encerrado, como por parêntesis, entre duas nobres vozes, dois nobres feitos, que, mais do que clausura, servem de feitura (simbólica) (real) a esta obra. Oriente em Claudio Daniel; Ocidente em Claudio Daniel; o concretismo, o neobarroco, a pós-modernidade, a fulgurante jóia límpida de seus poemas sem ornatos; a singeleza da linguagem, que é a complexidade maior da linguagem, e o neobarroquismo, que expressa desde sua estrita abundância a ulterior singeleza do Oriente, do Ocidente: harmonizados, sintetizados, em obra aparentemente casta e, no entanto, sensual, luxuriosa; obra aparentemente límpida, mas cheia de nuvens, nebulosas, constelações ao ignorado, do (desde o) ignorado; espelhos do caos, esse grande espelhismo.

Um palimpsesto, sem dúvida um palimpsesto: raspamos com o buril do amanuense e, debaixo de cada placa, de cada lâmina, encontramos outra versão, outra visão do mesmo assédio (especular) que implica numa mesma busca de beleza, que leva (todavia, é válida na boa poesia) ao ulterior: debaixo de todas as capas superpostas de todos os textos de

Yumê está a reverberante abundância da vida, suas cores, claridades, sua poeira que, como um ponto, ressumbra e resume a presença viva, bíblica, da mulher de Lot ("Epitáfio para a Mulher de Lot"). Água que escorre, Cathay ou Cipango que são Brasilis, braços abarcando um *orbe* (o de Claudio Daniel) que são todos os *orbes* do *Orbe*.

Yumê é um camafeu enganoso, que engana o leitor preguiçoso. Este acreditará de pés juntos ter lido um livro despojado, ínfimo, magro. O camafeu é um contorno, uma jóia mínima por certo; porém, no caso de Claudio Daniel, este encerra uma ordenada desordem, uma fragrância inodora, uma multitudinária voz de vozes que, tigre ao final, se prepara para o grande salto que desbaratará, por sua força, por sua vital abundância, os contornos do camafeu: migalhas, invisíveis ao leitor, que se reconformam e fazem de seus fragmentos um novo camafeu, um camafeu chamado *Yumê*: objeto vivo sem suturas visíveis, contorno dentro do qual o Nada se apresta uma vez mais para o salto (assalto), pela via poética, da Totalidade.

(*Málaga, 1999*)

[. . .] Sensualidade, refinamento de linguagem e ritualização também são características presentes em *Yumê*, segundo livro do paulistano Claudio Daniel, porém trabalhadas com procedimentos completamente diferentes. Em seu caso, o olhar sobre a paisagem, especialmente nas primeiras partes do volume, é um "olhar que pensa", que transforma o mar, a lua ou a noite em motivos de reflexão e de comparação com o exercício poético. Embora hábil na criação de imagens sintéticas e de ritmos fluentes, o que predomina, em grande parte da sua poesia, é a logopéia, "a dança do intelecto entre as palavras".

Em *Poemas Aquosos*, seção de abertura, o mar irrompe nas páginas ora como "fêmea possessa", ora como "leoa furiosa", desdobrando-se ainda numa "floresta sinfônica" e numa "infinita matemática". Com uma linguagem que prima pela condensação absoluta, o fluxo das ondas e das "vagas incessantes" é comparado à "pulsação do poema", oscilando entre o masculino e o feminino, ao sabor dos "seus ciclos menstruais". O ritmo de "Lição da Água", primeira peça da série, iconiza o movimento constante do oceano. Motivo de reflexão, paisagem pensada, "o mar/ ensina/ ao poeta/ a arte/ sem arte". Note-se aí, a feminilização do mar, substantivo masculino, associado não só a Netuno, mas também a Iemanjá, na cosmogonia afro-brasileira.

Se em alguns poemas a linguagem desliza ao sabor da brevidade e da leveza quase chinesa (ecos de poetas clássicos como Li Po ou Wang Wei), em outros irrompe uma profusão neobarroca, carregada de substantivos adjetivados e

---

* Texto publicado na revista *Cult* n. 40, nov. 2000.

vice-versa, como "tígricas", "tigrinoso", ou as montagens em "azul-espuma-catarata" e "azul-lótus-krishna". Da concisão extrema, o poeta salta para jorros de imagens-idéias ("A esfíngica branca lua abissal / e o temerário dragão-de-nébula"), exagerando, às vezes, na utilização dos adjetivos. Mas "exagero" é uma das marcas do barroco, assim como do simbolismo, influência confessa na seção "Noite-espelho", dedicada ao simbolista catarinense Ernâni Rosas.

Essa tensão entre sensibilidade chinesa e volúpia barroco-simbolista vai desaguar no roteiro-imaginário de viagem "Cipango/Cathay/Brasilis". Ali figura o belíssimo poema "Tabi" (viagem, em japonês), peça única construída com a justaposição de seis tankas, forma clássica de poesia japonesa que originou o haikai. Sem sair do lugar, o poeta viaja com o vento, resvala na lua e contempla o monte Fuji, apunhalado pela neve, para fechar com uma idéia-síntese: "no sonho, / o monge/ em viagem: // tudo/ é miragem". É possível que esses versos sirvam como chave-mestra para o próprio livro: *Yumê*, significa exatamente "sonho". No fundo, não seria o poeta/monge o sonhador de grandes miragens?

Há ainda outras facetas na poesia de Claudio Daniel, muito bem distribuídas ao longo das páginas. Ao sabor de uma trégua provisória entre os impulsos de estilos e sensibilidades, a linguagem deriva para outros vôos, que passam dos cumes do borgiano poema *Zauberbuch* aos flertes com as palavras-montagens joyceanas (*J´aime Joyce*), chegando ao mântrico *Palam*, com procedimento semelhante aos experimentos "zaúm" de alguns cubofuturistas russos, especialmente Khlébnikov. Em vez de pular de galho em galho, como um discípulo afoito, Claudio consegue resvalar em um amplo leque de referências e manter o tempo todo uma dicção extremamente pessoal. Mostra uma percepção ampla, que não se fixa apenas no primeiro modernismo brasileiro ou nos franceses do final do século passado.

[. . .] Enganam-se, ou mentem, aqueles que apregoam um empobrecimento da poesia nesta última década do século e do milênio. Livros excelentes continuam surgindo, a maioria deles custeada pelo bolso dos próprios autores, sem o menor crédito junto às editoras e tendo como recepção um criminoso silêncio da crítica. Como se editores e críticos reprovassem a atitude desses guerrilheiros com as palavras do velho Bilac: "Ora, direis, ouvir estrelas, por certo perdeste o senso".

(São Paulo, 2000)

Se me perguntassem o que é *Yumê* (São Paulo: Ciência do Acidente, 1999), o último livro de poemas de Claudio Daniel (São Paulo, 1962), eu responderia que é um "sonho", como o próprio autor afirma ao utilizar o termo equivalente do japonês ("*Yumê*", p. 69), mas um sonho de olhos bem abertos que contempla a permanente sucessão vertiginosa do tempo, com seus reflexos luminosos ou escuros — sempre coloridos — sobre as mais diversas superfícies, entre as quais destacam-se particularmente o mar, o céu, o corpo feminino e o próprio corpo da poesia. É por isso que o livro adquire gestos não só da plástica (marinhas, noturnos, a cuidadosa disposição espacial dos versos e a intencional observação da natureza que ele recebe da poesia oriental), mas também da música, para ser fiel assim ao instrumento de sua pintura, a linguagem: impulsionado pela impressão tanto visual quanto sonora, Daniel delineia uma pintura seguindo a poética estreada em seu primeiro livro, *Sutra* (São Paulo, edição do autor, 1992), e enriquecida agora com o *corpus* de idéias que aparece em *Yumê*.

Em *Yumê*, a impressão visual é geralmente o resultado de contrastes de cor ou de antíteses semânticas que se apresentam de forma inaugural na primeira parte do livro, "Poemas Aquosos". Em um plano de fundo de pintura e caligrafia orientais, com "rápidos / traços / de pincel" (p. 36), Daniel utiliza tradicionais contrastes de cor ("prateiam / o negrume / cetinoso / com lácteos / jatos", p. 27) junto com contrastes mais sutis, próprios do expressionismo abstrato ("luz pura / sobre luz", p. 38), à maneira do poema "Invenção do Riso Branco de Sutra": "nuvens / sobre brancas nuvens / e /

essa trêmula mão / alvíssima / alvíssima / (musselina) / alvíssaras / mas: / jorro insólito de pérolas" (pp. 8-9).

Manifesta-se assim o afã do poeta de indicar em *Yumê* um contraste maior: o sentido antitético do universo, em que movimento e fixidez ("Liber Aquae"), arte e não-arte ("Lição de Água"), o humano e o divino ("K'an") realizam uma dança sedutora e enigmática, de "sete véus" (p. 26).

Um sentido de performance percorre *Yumê*: o olho do poeta ("vi", p. 17; "olho a noite", p. 28) — e não seu "eu" íntimo, escamoteado ou também *velado* em grande parte do livro — aparece como um órgão de observação coletivo, impessoal ("nos incita", p. 16; "cessamos", p. 18; "se vê", p. 19; e a terceira pessoa descritiva, pp. 13-15), frente ao espetáculo de dança do universo, que se descobre mais adiante, tirados todos os véus, com a forma de Vênus, de mulher. Por tudo isso, a dança, esporadicamente presente em *Sutra* (pp. 13, 38), aparece como uma recorrente figura poética de alta significação dentro de *Yumê*: seja como um solo de dança sedutora ("graciosa dançarina cambojana", p. 19), uma antítese bipolar ou mesmo um contraste entre uma "selvagem dança sarracena" (p. 18) e as cinzeladas miniaturas perfeitas da poesia oriental, a dança exprime habilmente os conteúdos semânticos do livro ao mesmo tempo que reflete, ao misturar os sentidos da visão e da audição, as impressões visuais e sonoras que geram esses poemas.

Em *Yumê*, a impressão sonora é geralmente uma necessidade de capturar *a posteriori*, ou de criar *a priori*, com a linguagem — o poeta como o pequeno deus proposto pelo poeta chileno Vicente Huidobro, citado duas vezes por Daniel em *Sutra* — uma síntese da impressão visual; por isso o uso de neologismos ("enluaresce", p. 23; "luazulada", p. 25) e conceitos enlaçados ("azul-quase-branco-nébula" e "azul-espuma-catarata", p. 19), até chegar ao poema "Palam", em que a linguagem — as palavras como objetos visuais à maneira do poema visual e da poesia concreta — se descobre a si mesma como impressão, emoção, entusiasmo ou "cegueira" (p. 29) plástico-sonora, semelhante às pesquisas lingüísticas da poesia pura da primeira metade do século XX, especialmente as conhecidas em espanhol como jitanjáforas. Todos esses recursos estilísticos tinham sido apresentados em *Sutra*, cujo poema "Excertos do Necromicon": "Zunái" / "Kundra" constitui, então, um óbvio antecessor de "Palam".

Em seu prólogo ao livro, o poeta cubano José Kozer afirma que *Yumê* é, por sua cuidadosa concisão e beleza verbal, "um camafeu enganoso" (p. 10), porque de seu interior salta ou assalta-nos um tigre, oculto no início de nossa leitura, embora anunciado inclusive com neologismos como "tígricas" e "tigrinosos" (p. 18). O (as)salto do tigre — que constitui uma outra figura poética recorrente de *Yumê*, extraída de *Sutra* — produz no leitor inusitadas revelações. Sem desdizer a revelação que esse tigre produziu em Kozer, inscrevo agora a minha, centrada nos poemas "De Pele", "Quase Adeus (Balalaica)", "Diálogo com o Espelho" e "Epitáfio (para a Mulher de Lot)".

"De Pele" e "Quase Adeus (Balalaica)" pertencem à quinta e penúltima parte do livro ("Invenção de Vênus"), para a qual curiosamente o poeta não tem nenhuma "nota" final. Mas, seria ela por acaso necessária? A resposta seria "não". Frente às inumeráveis reviravoltas da filosofia e da poesia orientais, Pound, Rilke, Oswald de Andrade, Ernâni Rosas, o cinema de Greenaway e tantas outras referências cultas que, tanto aqui quanto em *Sutra*, Daniel anota para as diferentes partes e poemas do livro, "Invenção de Vênus" e os quatro poemas que a integram aparecem *desnudos*, sem véus.

O universo que a voz poética contemplava/escutava de forma impessoal nas partes anteriores de *Yumê* revela em "Invenção" sua verdadeira natureza: um corpo altamente sexuado de mulher... real, criada, inventada: "o / puro / púbis" (p. 53), começa dizendo essa seção. Se, como já vimos, o "eu" poético se mantinha *velado*, agora nesta parte assistimos a sua confissão na primeira pessoa do singular: marcado pelo amor petrarquista ("consumido / em tua chama / vestal", p. 54), ele diz o seguinte: "esqueço de mim" (p. 54), "fez você / para mim / o anacoreta / babuíno / abominável..." (p. 55).

O destinatário não nomeado que, principalmente com adjetivos possessivos ("teu céu", p. 23; "tuas pupilas", p. 29), aparecia desde o início do livro, revela ser agora também uma mulher: começa com "suas pétalas" e "sua concha-albergue" (p. 53) para passar logo ao diálogo entre a primeira e a segunda pessoas do singular no poema seguinte, "De Pele": "teus duros / róseos mamilos / de leoparda / encimam / lácteos peitos / que me olham / no escuro; / teus brancos pés / de linho, desnudos, / incitam à dança, / ao jogo nupcial / de pele em pele / cimentada" (p. 54).

De novo aparece a dança, que encerra essa parte de *Yumê* quando o "eu" poético toma a mulher "pela cintura / e começamos / a dançar" (p. 57). Os pés dançantes ganham, como afirma Régis Bonvicino, na orelha do livro, o valor de "ritmos vivos". Com esse ato, a voz poética insere-se harmoniosamente na dança universal, antes comentada e agora revelada como dança dos amantes.

"De pele" — a pele da mulher como uma outra superfície sobre a qual os sentidos do poeta se deslocam e se fixam — resume e resolve assim muitos dos motivos formais do livro (o "tigre", por exemplo, vira aqui "leoparda", e ambos apareciam já dançando em um verso de "Sarabanda" em *Sutra*) e prepara-nos para o poema "Quase Adeus (Balalaica)", cujo título também resume motivos anteriores (ver "ah deus", p. 24; e o que até aqui foi observado sobre a substância sonora do livro). Esse poema "quase" poderia ter sido o último de *Yumê*, em termos de cosmovisão, mas o poeta enfrenta ali inesperadamente uma visão/reflexão estética que precisa ser resolvida na seção seguinte (Poética do Faquirismo). "Quase adeus" registra ou confessa a visão de pesadelo sofrida pelo poeta antes de se lançar felizmente ("por que / tragédia?") à sua dança universal: "o sarcástico / sorriso / de uma máscara / oriental" (p. 57). Esse poema assalta-nos assim com uma reflexão irônica sobre um aspecto (as influências orientalistas) da própria poética do livro, cujas fontes de inspiração e re-escritura literárias aparecem explícitas nas "notas" finais do autor em *Yumê* (pp. 69-70) e, por extensão, em seu livro anterior, *Sutra* (pp. 45-47).

Tem importância agora "a arte / sem arte" (p. 14), uma das primeiras antíteses anunciadas na primeira parte de *Yumê*: a tensão entre, por um lado, o artifício, o rebuscamento, os cultismos exóticos, a hetero-referencialidade e o afã de transcendência, e, de outro, a naturalidade, o primitivismo, o desenfado formal e o imediatismo. Se já em "Invenção de Vênus" aparecia junto ao "eu" poético confessional, pela primeira vez no livro, o pronome "você" da norma lingüística brasileira regendo o verbo "dançar", a seção Poética do Faquirismo centra-se de novo em jogos verbais de re-escrituras cultas "anotadas" pelo poeta, que repassam, de forma significativamente muito mais concisa e controlada que nas seções anteriores, os códigos utilizados no livro, para concluir com dois poemas-chaves: "Diálogo com o Espelho" e "Epitáfio (para a Mulher de Lot)".

"Diálogo com o Espelho" estabelece um diálogo duplo dentro do livro: primeiro, com o poema "Vírus"; depois, com o *velado* sujeito poético que nas duas seções iniciais apenas vê de si mesmo — e anota sobre si — "meu rosto" (p. 17). A referência ao espelho está implícita na forma que adquire a água na primeira seção, e está explícita no título da segunda seção ("Noite-espelho"). De "Vírus" retoma o tema da definição da poesia, mas despoja o poema de jogos verbais, de artifício, para ficar apenas com a metáfora poesia-"piolhos" com o propósito de inseri-la em uma imagem inusitada dentro do texto. Dizemos "inusitada" não por seu caráter sexual (já o vírus da poesia estava na vulva etc.), mas sim por sua naturalidade de expressão: nenhuma aliteração (do tipo "o / vírus / vivo vírus / na vulva"), nenhum circunlóquio (do tipo "branco orifício do zero", p. 46) vai sustentar, justificar ou disfarçar esse poema, que termina com a maior singeleza expressiva: "só piolhos / fervilhando / nos pentelhos" (p. 67), imagem essa que, por seu jeito grotesco ou antipoético à maneira do chileno Nicanor Parra, parece ser também uma paródia das transcendentais e sutis imagens próprias do haicai e que *Yumê* utiliza em suas primeiras seções e *Sutra* em toda sua extensão.

O poeta parece distanciar-se assim da sarcástica máscara oriental que o disfarçava inclusive diante de si próprio

— embora ao mesmo tempo tivesse lhe servido de guia na invenção, consecução e revelação de seu sonho —, e se dispõe a "dialogar" consigo no espelho, ou seja, dialogar com seu "rosto" só fugazmente entrevisto na primeira parte. Dito de outra forma, decide transgredir (exorcizar?) os próprios códigos (sete véus?) que se havia imposto.

Revelados o "tu/você" como mulher-universo e a dança como harmonia universal a partir do tradicional acoplamento (masculino-feminino) dos amantes, faltava ao sujeito poético se revelar diante de si mesmo em seu instrumento de expressão (a poesia), exercício que realizam "Poética do faquirismo" e, como já vimos, "Diálogo com o espelho". Uma vez criadas e *desnudadas* essas duas identidades naturais ("eu" e "tu/você") e unidas ambas em uma dança harmoniosa, o poeta fica com a tentação de olhar para trás, mas, diferente da mulher de Lot, ele volta seu olhar extasiado para sua criação, sua "cegueira" anterior. Cumpre-se assim mais uma lei do universo e da criação: tudo volta ao pó, desfaz-se o feito, para voltar a ser. Uma vez ordenado o caos existencial e referencial que lhe precede e *desvelado*/fixado seu timbre individual dentro da nova ordem *criada*, a voz poética desperta do sonho ("*Yumê*"), não para dar testemunho de uma perda ou destruição, mas sim para se ratificar tanto na sua criação plástico-verbal de uma harmonia universal que o inclui, como em sua surpreendente e necessária transgressão e cumprimento estético.

(São Paulo, 2000)

Claudio Daniel, poeta, tradutor e jornalista, nasceu em São Paulo (SP), em 1962. Publicou os livros de poesia *Sutra* (edição do autor, 1992), *Yumê* (Ciência do Acidente, 1999) e *A Sombra do Leopardo* (Azougue Editorial, 2001), este último vencedor do prêmio Redescoberta da Literatura Brasileira, oferecido pela revista *Cult*.

Traduziu, em parceria com Luiz Roberto Guedes, poemas do cubano José Kozer, reunidos em três antologias: *Geometria da Água & Outros Poemas* (Fundação Memorial da América Latina, 2000), *Rupestres* (Tigre do Espelho, 2001) e *Madame Chu & Outros Poemas* (Travessa dos Editores, 2003). O autor publicou também *Estação da Fábula*, com traduções do uruguaio Eduardo Milán (Fundação Memorial da América Latina, 2002), *Prosa do que Está na Esfera* (Olavobrás, 2003), coletânea de poemas do dominicano León Félix Batista, que organizou e traduziu com Fabiano Calixto, e a antologia *Na Virada do Século, Poesia de Invenção no Brasil* (Landy, 2002), este último em co-autoria com Frederico Barbosa.

O poeta publicou dois novos livros em 2004, *Romanceiro de Dona Virgo*, volume de contos, e *Jardim de Camaleões — A Poesia Neobarroca na América Latina*. No exterior, participou das antologias *New Brazilian & American Poetry* (revista *Rattapallax* n. 9, Nova Iorque, 2003), organizada por Flávia Rocha e Edwin Torres, *Pindorama, 30 Poetas de Brasil* (revista *Tsé Tsé* n. 7/8, Buenos Aires, 2001), com seleção e tradução de Reynaldo Jiménez, e *Cetrería, Once Poetas Brasileños* (Casa de Letras, Havana, 2003), organizada e traduzida por Ricardo Alberto Perez. Claudio Daniel reside em São Paulo com a mulher, Regina, e o filho, Iúri. Atua na área editorial e jornalística. É editor da revista eletrônica de poesia e debates

Zunái (*www.revistazunai.com.br*), juntamente com Rodrigo de Souza Leão. Sua página pessoal na Internet é *http://daniel.claudio.sites.uol.com.br.*

1. *Panaroma do Finnegans Wake*
   James Joyce
   (Augusto e Haroldo de Campos – orgs.)

2. *Mallarmé*
   Augusto e Haroldo de Campos e Décio Pignatari

3. *Prosa do Observatório*
   Julio Cortázar
   (tradução de Davi Arrigucci Júnior)

4. *Xadrez de Estrelas*
   Haroldo de Campos

5. *Ka*
   Velimir Khlébnikov
   (tradução e notas de Aurora F. Bernardini)

6. *Verso, Reverso, Controverso*
   Augusto de Campos

7. *Signantia Quasi Coelum: Signância Quase Céu*
   Haroldo de Campos

8. *Dostoiévski: Prosa Poesia*
   Boris Schnaiderman

9. *Deus e o Diabo no Fausto de Goethe*
   Haroldo de Campos

10. *Maiakóvski – Poemas*
Boris Schnaiderman, Augusto e Haroldo de Campos

11. *Osso a Osso*
Vasko Popa
(tradução e notas de Aleksandar Jovanovic)

12. *O Visto e o Imaginado*
Affonso Ávila

13. *Qohélet/o-que-sabe – Poema Sapiencial*
Haroldo de Campos

14. *Rimbaud Livre*
Augusto de Campos

15. *Nada Feito Nada*
Frederico Barbosa

16. *Bere'shith – A Cena da Origem*
Haroldo de Campos

17. Despoesia
Augusto de Campos

18. *Primeiro Tempo*
Régis Bonvicino

19. *Oriki Orixá*
Antonio Risério

20. *Hopkins: A Beleza Difícil*
Augusto de Campos

21. *Um Encenador de Si mesmo: Gerald Thomas*
Silvia Fernandes e J. Guinsburg (orgs.)

22. *Três Tragédias Gregas*
Guilherme de Almeida e Trajano Vieira

23. *2 ou + Corpos no mesmo Espaço*
Arnaldo Antunes

24. *Crisantempo*
Haroldo de Campos

25. *Bissexto Sentido*
Carlos Ávila

26. *Olho-de-Corvo*
Yi Sán[g]
(organização de Yun Jung Im)

27. *A Espreita*
Sebastião Uchôa Leite

28. *A Poesia Árabe-Andaluza: Ibn Quzman de Córdova*
Michel Sleiman

29. *Murilo Mendes: Ensaio Crítico, Antologia e Correspondência*
Laís Corrêa de Araújo

30. *Coisas e Anjos de Rilke*
Augusto de Campos

31. *Édipo Rei, de Sófocles*
Trajano Vieira

32. *A Lógica do Erro*
Affonso Ávila

33. *Poesia Russa Moderna*
Augusto e Haroldo de Campos e Boris Schnaiderman

34. *ReVisão de Sousândrade*
Augusto e Haroldo de Campos

35. *Não*
Augusto de Campos

36. *As Bacantes, de Eurípides*
Trajano Vieira

37. *Fracta: Antologia Poética*
Horácio Costa

38. *Éden: Um Tríptico Bíblico*
Haroldo de Campos

39. *Algo : Preto*
Jacques Roubaud

40. *Figuras Metálicas*
Cláudio Daniel

PRÓXIMOS LANÇAMENTOS:

41. *Édipo em Colono, de Sófocles*
    Trajano Vieira

42. *Poesia da Recusa*
    Augusto de Campos

43. *Sol sobre Nuvens*
    Josely Vianna Baptista

44. *Poemas-Estalagtites*
    August Stramm
    (tradução de Augusto de Campos)

45. *Um Tombeau para Haroldo de Campos*
    Leda Tenório Motta (org.)

Impresso pela Gráfica VIDA & CONSCIÊNCIA